AF299481

AVIS

TRÈS-INTÉRESSANT

A LA SENSIBILITÉ

DE LA NATION FRANÇAISE,

DE SES DIGNES REPRÉSENTANS

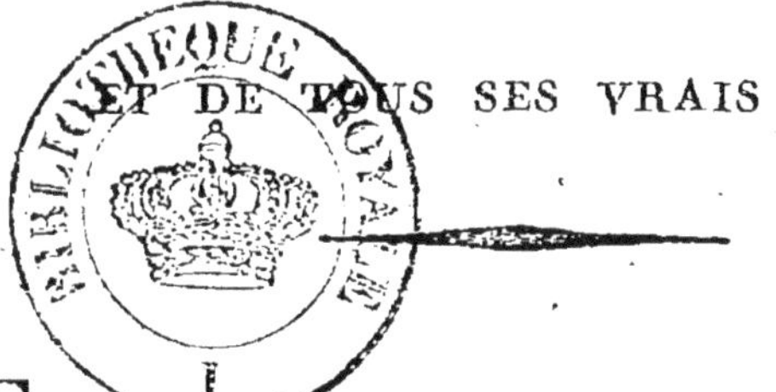

ET DE TOUS SES VRAIS AMIS.

Tous les hommes honnêtes et réellement républicains, qui ont dans le cœur cette maxime consacrée même par la Constitution; *ne fais à autrui, que ce que tu voudrois qui te fut fait à toi-même ;* savent que de tout temps les crimes et les fautes ont été personnelles ; que jamais on n'a pu ni dû envelopper les innocens dans la perte ou la ruine des plus ou moins coupables ; que les parens, sur-tout les époux et épouses, non

A

plus que les pauvres enfans des condamnés (soit justement ou injustement) n'y peuvent rien, qu'il est d'ailleurs douloureux pour eux, qu'outre la mort prématurée de leur père et mère, de l'un d'eux ou d'autres de leurs parens, ils se voyent impitoyablement ravir leurs biens, et par-là plongé dans la plus affreuse misère, dont hélas la longue durée des chagrins retombe plus directement pendant bien des années sur leurs pauvres parens, parce que les malheureux ou malheureuses qui sont péri d'une manière ou d'autre, ne souffrent plus rien.

En attendant l'heureuse époque où la loyauté et l'intégrité française, pourra, par ses sages représentans actuels, abolir pour toujours la confiscation de tous les biens des condamnés, dont il est certain que les vivans souffrent plus que les morts.

Il seroit, d'ailleurs, fâcheux pour une grande et brave nation, formant actuellement la plus nombreuse république de l'Univers ; de vouloir rembourser une grande partie de ses dettes , par la ruine des innocentes familles , de ceux qu'on condamnera , par la suite des temps , tandis qu'elle a d'autres ressources immenses et des grands moyens équitables pour y satisfaire annuellement avec honneur, sans vexer personne.

Une loi aussi salutaire , perpétuelle et irrévocable a été faite en 1751, chez une nation voisine , et il est à observer que depuis l'on n'y a pas fait mourir trois ou quatre personnes en cinq ou six années de temps.

Comme il est maintenant , pour ainsi dire, de toute impossibilité de pouvoir faire rendre ces biens , et que la Convention nationale pour réparer ses plaies a eu l'humanité de promettre des secours à ces infortunés.

On a trouvé, en conséquence, une idée très-salutaire pour consoler et entretenir tous ces pauvres veufs ou veuves, ainsi que les enfans de ses malheureux, et cela par le moyen d'une contribution commode, annuelle, et nullement vexatoire, d'environ 5 à 600 millions, qui seroit décrétée pour cet effet, et uniquement employée pour payer chaque année une pension alimentaire (et non saisisable) de 600 à 1000 livres durant la vie de chaque pauvre veuf ou veuve, et de 300 à 500 livres pour chacun de ses enfans ; payables de six mois en six mois jusqu'à leur décès.

Comme aussi pour donner une pension alimentaire durant la vie des blessés ou estropiés par la guerre de terre et de mer au service de la patrie, (s'ils n'ont point obtenu des appointemens de retraite ou d'autres faveurs de la république pour le reste de leurs jours), de 600 à 1000 livres par an, selon leur situation, à constater par des preuves convaincantes.

Le restant de cette contribution équitable sera employé de six mois en six mois pour rembourser 50 à 100 millions des dettes du grand livre, ce qui fera profiter 4 pour

5

100 d'intérêt, ou 4 à 8 millions, progressivement, chaque année à la république ;
le surplus sera employé annuellement pour
retirer 100 millions ou davantage en assignats de la circulation, avec des espèces ;
comme aussi pour former dans chaque département en peu d'années par des grains
et farines de l'étranger, des greniers d'abondance dans toute la république pour sub-
venir aux années de mauvaises récoltes,
ou à la cherté des vivres en faveur des
pauvres en temps de guerre. De sorte que
dans moins de 30 années, toutes les dettes
et assignats seront totalement acquitées au
grand bonheur de toute la nation, sans
ruiner, ni incommoder les facultés de personne.

Pour pouvoir calculer ce qui pourra être
payé de ce revenu national à chaque veuf,
veuve ou à ces malheureux enfans, de même
qu'aux defenseurs de la patrie, on desire de
recevoir sans perte de temps, de chacune de
ses personnes ou familles, une note très-suc-
cinte et véritable, signée ou non signée à leur

choix, contenant très-bien et lisiblement en français, sur une feuille de papier à lettre, les noms, sur-noms, l'âge, la résidence, les qualités ou la profession des malheureux ou malheureuses qui sont blessés ou péris, avec le lieu et la date; enfin tout ce qu'il est possible de pouvoir affirmer en temps et lieu, comme aussi si l'on veut, ou peut le dire, à combien pouvoit monter au plus bas leur avoir en tout (calculé en assignats) le jour de leur arrestation ou de leur décès, les charges et dettes déduites; les parens veufs ou veuves avec les enfans qu'ils ont laissé en vie; on doit y mettre le lieu et la date de l'envoi, et joindre sous le même couvert, en forme de lettre bien cachetée, un assignat de cinquante sols pour rembourser les frais, courses et peines déjà faites et encore à faire, pour tâcher d'obtenir incessamment à cet effet une heureuse issue de l'humanité et de la sagesse de la Convention nationale, à qui on indiquera en même temps, avec plaisir, le susdit revenu annuel pour pouvoir faire face dans chaque département tous les six mois, au paiement exact de toutes ses pensions alimentaires et de tous les susdits remboursemens, dont la marche et le succès sera communiqué aux intéressés par la voie de tous les journaux et autres papiers-nouvelles de Paris.

N. B. Ces lettres doivent être affranchies et envoyées au plutôt le matin après neuf heures, par une personne de confiance à l'adresse du citoyen JACQUES, maison de Montauban, rue Traversière-Honoré, à Paris.

Ceux qui n'enverront pas leurs susdites notes ou lettres à temps, fidellement en règle, ne pourront être inscrites sur les listes et mémoires à fournir.

On observe à tous les intéressés plutôt de ne rien écrire que de marquer des mensonges, des médisances ou des verbiages qui seront mis au rebut, ainsi que les lettres non-affranchies qu'on refusera d'accepter, car autant que l'on aime la liberté, la justice et l'humanité, on déteste l'infame calomnie et la tyrannie.

Voici le résumé de ces idées salutaires (qui ne sont, en vérité, pas des chimères, ni des belles promesses qui n'aboutiroient à rien, et ne donneroient que la honte et le mépris pour leur auteur) savoir : pour pouvoir opérer, par le moyen de ce revenu annuel et commode, de plus de 500 à 600 millions ; outre la future cessation de la confiscation de tous les biens des condamnés.

Premièrement , de contribuer au bonheur et à la gloire de toute la nation et de ses braves représentans , à qui on démontrera avec plaisir ce moyen, sauf à y être employé favorablement, si on l'adopte en tout ou en partie.

Secondement, de rembourser, tous les six mois, 50 à 100 millions des dettes du grand livre ; ce qui profitera à la nation, et accumulera progressivement , chaque année , 4 à 8 millions des 4 pour 100 d'intérêts , que la république paie à ses créanciers.

Troisièmement, de retirer, avec des espèces.

tous les six mois, 5o millions d'assignats, pour faire reparoître l'or et l'argent à fur et mesure : par - là le change et les relations étrangères se rétabliront, la cherté va diminuer graduellement en tout genre, sans ruiner le commerce.

Quatrièmement, les pauvres veufs, veuves et enfans des susdits condamnés ou péris, seront, plus ou moins, autant qu'il se pourra, consolés et entretenus par la nation ; ce que, l'on espère, ne coûtera, dans les premières années, pas au delà de 5o millions chaque six mois.

Cinquièmement, On souhaite que 5o millions pourront suffire, chaque demi-année, pour payer les pensions aux braves blessés ou estropiés, soit de terre ou de mer, au service de la patrie.

Sixièmement, la recette de ces 5oo à 6oo millions de revenu dans tous les départemens ; le paiement de toutes ces pensions et remboursemens donneront, par leurs résultats, épargnes et bénéfices, chaque année, outre des places pour ceux qui les mériteront, la faculté de pouvoir former des greniers d'abondance dans toute la république, à commencer par les établir dans les cantons les plus stériles en grains ; de sorte qu'en cinq années, tous les départemens seront amplement fournis.

Septièmement, l'adoption et l'exécution fidelle et invariable de tous ces moyens, par une loi solemnelle, perpétuelle et irrévocable de l'assemblée des pères de la patrie, fera, sans vexer ni ruiner la liberté et les facultés de personne, absolument renaître l'abondance et le commerce, avec le crédit, l'aisance et la confiance publique, dans toute la république ; car, sans cela, il est, pour ainsi dire impossible qu'aucun gouvernement démocratique puisse être heureux, et subsister long-temps en vigueur.

On prie instamment tous les journalistes et autres rédacteurs de papiers-nouvelles et affiches de Paris, de vouloir joindre par accommodement le présent avis à leur

première feuille, et d'envoyer leur quit-
tance par une personne sûre audit citoyen
JACQUES, pour être payé de suite entre
neuf et onze heures du matin.

Au reste le même citoyen déclare que
s'il n'avoit pas eu le malheur de perdre la
plus grande partie de sa fortune, il auroit
eu assez de sentiment de ne point se faire
indemniser de ses peines ni de ses frais
pour des objets aussi salutaires.

Paris, ce cinq nivose, l'an troisième de
la république française, une et indivisible.

(Ou le 25 décembre 1794 vieux style).

P. S. On sollicite les braves représentans, amis zélés de leur patrie, de vouloir
bien envoyer quelques exemplaires de cet avis
dans leurs villes et départemens, s'ils en
adoptent les sentimens.